Milet Publishing
Smallfields Cottage, Cox Green
Rudgwick, Horsham, West Sussex
RH12 3DE England
info@milet.com
www.milet.com
www.milet.co.uk

First English–Polish edition published by Milet Publishing in 2013

Copyright © Milet Publishing, 2013

ISBN 978 1 84059 828 5

Original Turkish text written by Erdem Seçmen
Translated to English by Alvin Parmar and adapted by Milet

Illustrated by Chris Dittopoulos
Designed by Christangelos Seferiadis

Printed and bound in Turkey by Ertem Matbaası

My Bilingual Book

Taste
Zmysł smaku

English–Polish

Close your eyes, taste this drink . . .

Zamknij oczy i weź duży łyk...

Water or soda, what do you think?

Woda lub napój, czy zgadniesz w mig?

How do you know which one it is?

Jak odróżnić, co pijesz, gdy smaków bez liku?

Do your mouth and tongue feel a fizz?

Czy czujesz bąbelki w buzi i na języku?

Your mouth and tongue let you taste drinks and food.

To dzięki nim smakujesz picie i przysmaki,

They tell you what tastes bad and what tastes good!

rozróżniasz ten dobry, niedobry, nijaki.

Your taste senses bitter, sour, sweet,

Język czuje smaki gorzkie, słodkie, kwaśne i słone,

and salty, like the crackers you eat.

jak na przykład krakersy ulubione.

Some like the taste of chocolate best.

Wiele osób uwielbia czekoladki,

Most like the taste of medicine less!

lecz ten, kto lubi leki, to przypadek rzadki.

It's fun to think about yummy sweets,

O słodyczach wszyscy chętnie fantazjują

but eating too many is bad for your teeth!

lecz jedzone często bardzo zęby psują!

Foods like peppers can be so hot!

Bardzo ostre są papryczki chili

Your taste will tell you to eat them or not.

a Twój zmysł smaku z niczym ich nie pomyli!

Some tastes go together and some really don't mix,

Niektóre smaki wcale do siebie nie pasują,

like that banana and cheese sandwich you are about to fix!

jak kanapka z serem i bananem, którą właśnie przygotowujesz.

These delicious fruits deserve a nibble.

Warto jeść owoce, bo to samo zdrowie.

They're good for your body and irresistible!

Pyszne i kuszące – każdy Ci to powie!

Trying different foods makes your taste sense grow.

Gdy próbujemy różnych potraw, wyostrza nam się smak.

Your world gets bigger, the more foods that you know!

Z wiekiem poznasz ich więcej, polubisz je, i to jak!